떠도는 잠

배아라 시인은 2018년 ≪리토피아≫ 신인상을 받으며 등단했다.

e메일 : bjs3355@hanmail.net

리토피아포에지 · 80
떠도는 잠

인쇄 2018. 12. 5 발행 2018. 12. 10
지은이 배아라 펴낸이 정기옥
펴낸곳 리토피아
출판등록 2006. 6. 15. 제2006-12호
주소 22162 인천 남구 경인로 77(숭의3동 120-1)
전화 032-883-5356 전송032-891-5356
홈페이지 www.litopia21.com 전자우편 litopia@hanmail.net

ISBN-978-89-6412-104-7 03810

값 10,000원

이 도서의 국립중앙도서관 출판예정도서목록(CIP)은 서지정보유통지원시스템 홈페이지(http://seoji.nl.go.kr)와 국가자료공동목록시스템(http://www.nl.go.kr/kolisnet)에서 이용하실 수 있습니다.(CIP제어번호: CIP2018038005)

배아라 시집

떠도는 잠

리토피아
LITERATURE & UTOPIA

시인의 말

구름을 주무르던 바람이
파릇한 새싹 위로
한 줌
따뜻한 햇살을 물어다 준다.

2018년 가을
배아라

차례

제1부

제2부

제3부

제4부

| 제1부 |

떠도는 잠

천지발광을 해대던 잠이 거실장을 더듬어 먹물을 꺼낸다.
익숙한 손놀림으로 옹기그릇에 먹물을 따르고 붓을 든다.
덮고 자던 이불을 펼쳐놓고 먹물로 큼직한 글자를 쓴다.
어둠 속에 볼 수 없는 시꺼먼 글, 끙끙대며 진땀을 뺀다.
희뿌연 창문을 내다보며 잠은 이불을 덮어 쓰고 누웠다.
잠은 겨울을 지나 봄을 맞은 마늘껍질처럼 부스러진다.
행여 떠돌이 혼이 이 광경을 볼까 미련의 끈을 잡는다.
잠은 일어나 글자와 글자 사이에 한 글자를 더 삽입한다.
어둠보다 짙은 색의 글씨가 가슴으로 들어와 옹이가 된다.
새벽이 다가오자 잠은 일어나 다시 글자를 고쳐 쓴다.
티끌 없는 하얀 빛으로 밤새 써놓은 글자를 어루만진다.
밤새 끙끙 써대던 이불호청을 뜯어 쓰레기봉투에 담는다.
햇살이 창문을 열고 들어와 거실에 다리 쭉 펴고 눕는다.

황소

조릿대는 빗방울을 불러 밤새 수다를 떤다.
외양간에서 황소 밤새도록 우웅우웅 숨죽여 울고,
소리 없는 상처가 가는 달을 밤새도록 묶어두었지.
대쪽처럼 살라는 소리가 또르륵또르륵 굴러왔지.
신작로 내겠다며 땅을 내놓으라는 동네사람들
처마 밑 장작더미들도 밤새도록 잠 못 이루었지.
밤새 황소가 우웅우웅 울 때마다 한 더미씩 쌓여만 갔지.
조릿대 숲 달팽이가 그 소리 야금야금 파먹었지.

건조장집 딸 미선이

살금살금 건조장 사잇길로 알밤 주우러 나갔지.
옹달샘에 빠진 알밤 주우려고 나뭇가지 휘젓다가
첨벙 빠지고 말았지. 고래고래 소리 지르는데
윗집 진섭이가 달려와 손잡아 주며 네가 좋다고 했지.
그 머스마 원래는 미선이가 더 좋다고 고백했다지.
건조장집 딸 미선이 못 생겨도 마음이 예쁘긴 했지.

붓꽃이 흔들리는 오후

언덕길 양지바른 모퉁이에 붓꽃이 풍경화를 그린다.
말간 그리움이 꽃향기 물고 추억을 데리러 달려간다.
비틀대던 햇살은 청보라 물감 찍어 엉덩이를 흔들고,
나비가 살포시 내려앉아 날개를 접고 꽃에게 키스한다.
바람이 걷어 올린 꽃가루에서 달콤한 향기가 넘실거린다.

그녀의 눈언저리에 걸린 추억이 푸른 물 뚝뚝 흘리면,
붓꽃도 흔들리며 허공에 진한 청보라빛 그림을 그린다.

겨울에도 빼꾸기는 운다

못 가는 내가 안쓰러워, 집 모퉁이 대추나무 아래 앉아 이야기 하던 희주. 친구들이 먹다 남은 과자 부스러기만 먹어 별명이 쓰레기통이 되었다. 그날도 그랬다. 안방에서 텔레비전을 보고 있는데 담장 밖에서 빼꾹빼꾹 빼꾸기 소리 들렸다. 언니는 눈 한 번 찡긋하고, 가시나야 얼른 네 방에 가서 공부해. 아랫목에 눈감고 누워 계시던 아버지, 겨울에도 빼꾸기가 우느냐. 엉거주춤 일어서다가 다시 주저앉아 티비 연속극만 보고 있었다. 빼꾹빼꾹, 담장 밖 빼꾸기는 속절없이 울고 있었다.

그 여자 동백

밤새 눈이 꽃의 속살을 간지럽힌다.
길목마다 눈길을 따라오는 이야기들이 빨갛다.
톡, 하고 뛰어내린 꽃잎이 햇빛에 걸터앉는다.
꽃 진 자리에 바람이 걸터앉으면
참새들이 빨간 발자국을 콕콕 찧어댄다.
뱃고동소리 섬마을 여자들 가슴을 둥둥 때린다.
맨발로 달려 나간 발자국이 꽁꽁 얼어붙는다.
새벽안개 사이 사라지는 그 여자 동백이 된다.

술래잡기

바람은 참나무에 술래를 두고 소나무 자작나무 찔레넝쿨 너머 멀리멀리 숨으러 간다. 영길이 바람은 코 찔찌리 바람 남선이 바람은 찰남새 바람 봉주 바람은 봉주르르 바람 희주 바람은 희쭈그리 바람 승자 바람은 똘똘이바람 점숙이 바람은 찡찡이바람 명희 바람은 맹맹이 바람 코 찔찌리 바람이 고지박에 걸려 넘어져 술래가 된다. 산꿩은 울어 술래가 바뀐다는 신호를 보낸다. 술래가 정해지면 바람은 또다시 쏜살같이 달아난다. 찰남 찰남 찰남새 바람 오리나무 등 뒤로 숨었다 키다리 봉주르르 바람 한 바퀴 재주 넘고 바스락대는 칡넝쿨에 엉덩이를 밀어 넣고 숨었다. 똘똘이 바람은 고지박 뒤로 숨었다. 찡찡이 바람은 산초나무 가지에 걸려 나동그라졌다. 희쭈구리 바람이 희죽희죽 웃다가 술래가 된다. 산꿩 소리 꿩꿩 골짜기 휘둘러 밤나무 가지에서 망을 본다. 햇살이 바람의 옷자락을 잡아당긴다. 찡찡이 바람 술래가 되어 참나무에 엎드린다. 매가 높이 날아 바람이 숨은 위치를 정탐한다. 밤새 서걱서걱 마른 잎 들추며 술래 찾는 바람소리 안방까지 스민다.

솥단지에 빠진 그녀

부뚜막에 먼저 올라간 그녀가 솥 속에 풍덩 빠진다.
그가 아궁이에 마구 지푸라기를 넣어 불을 지핀다.
그녀는 뜨거운 물을 그 남자 머리에 확 뿌려버렸지.
여유롭게 걸어나오는 그녀의 손에 들려있는 누룽지,
냄새가 가슴 사립문 삐거덕 열고 은근하게 달려드네.
그 남자 누룽지 한 조각 빼앗아 입에 집어넣는 순간,
아뿔싸, 아궁이 뜨거운 불이 그 남자 발목을 붙잡네.

검정고무신

콩알 같은 장대비가 밤새 뒷산을 쓸어내렸지.
황톳물 콸콸 토해내며 도랑물은 떠 밀려갔지.
5학년 언니가 바짓가랑이 무릎까지 걷어 올리고
겁먹은 2학년 동생 업고 징검다리 건넜지.

아버지 장에 가서 사다 주신 검정고무신이
물살에 떠밀려 두둥실 떠내려갔지.
동생을 건네 놓고 뛰어갔지만 고무신은 보이지 않았어.
고무신, 내 고무신, 도랑물 소리도 쿵쾅대며 귓전을 때렸지.

계절이 바뀌고 친구 따라 아랫마을 다녀오던 길이었지.
이끼 낀 고무신 한 짝이 나무뿌리를 움켜잡고 있었어.
키가 훌쩍 자란 나 짠한 가슴으로 검정고무신 바라보았지.
빛바랜 검정고무신 한 번 쓰다듬고 다시 띄워 보냈어.

꿈꾸는 토끼

조용한 오후 카페 조명등이 토끼를 물었어요. 그 남자의 팔을 붙들고 물고 있어요. 사춘기 때 만났던 그 남자를 이제 와서 사과처럼 먹어요. 껌처럼 먹어요. 새빨간 망토를 입은 토끼들이 놀라 눈이 동그래졌어요. 그녀는 토끼를 먹으라고 탁자 위에 올려놓아요. 반질반질 살이 통통한 토끼에요. 남자가 포크로 토끼를 콕 찍어 통째로 입에 넣어요. 놀란 토끼는 발버둥도 칠 수 없어요. 굴 속으로 들어간 토끼는 꿈틀대며 뱃속에서 집을 지어요. 그녀도 허겁지겁 토끼 귀를 잡고 씹어 먹어요. 입이 작은 그녀는 토끼를 덥석 물어 반으로 뜯어 먹어요. 맛있다는 표정을 지어요. 놀란 토끼가 그녀의 혀 위에 오줌을 쌌어요. 토끼 오줌이 목덜미를 타고 뚝뚝 흘러내려요. 그녀 앞에 앉은 여자도 토끼를 덥석 물더니 씹어 먹어요. 토끼 울부짖는 소리가 새콤한 냄새를 풍겨요. 남자는 벌써 세 마리째 입안이 터질 듯 씹어 먹는 중이에요. 토끼는 그 남자의 식도를 지나 가파른 절벽을 지나 낭떠러지로 굴러 들어갔어요. 침묵하는 고요가 옷장 속에 앉아 노래를 해요. 퀼트와 재봉틀의 차이는 각에 있다고 무관심은 무지라고 각들이 각을 세워요. 가방 안에 숨은 빨간 사과 두 개가 손을 흔들어요. 부평구청 넓은 잔디밭 뜰 안에서 풀을 뜯던 토끼가 너울너울 나비 등 타고 날아와 머릿속을 헤집고 풀을 뜯어 먹고 있어요. 터럭 하나 남기지 않고 다 뜯어 먹을 지도 몰라요. 머릿속에서 토끼 새끼가 꼬물꼬물 자라 나를 통째로 잡아먹을 지도 모를 일이에요.

삼자야

삼이는 경상도 딸부잣집 자매 중 막내 이름이지.
할머니는 남동생 보라고 삼이를 삼자라 부르셨지.
삼자야, 삼자야, 삼이는 제 이름인 줄 알고 자랐지.
이름값을 했던지 삼자는 남동생을 보았지.
할머니는 자매 중 삼자를 제일 예뻐하셨어.
학교에 입학하니 선생님께서는 삼이라 부르셨지.
그제야 삼이가 자기 이름인 줄 알았지.
삼자야, 뒷집 동근이 엄마가 터미널에서 부르셨지.
못 들은 체 하고 창가에 앉아 먼 산 바라보았지.
또다시 창가로 다가와 삼자야, 삼자야,
삼이는 얼른 일어나 통로에 섰지.
동근이 엄마는 더 큰소리로 삼자를 부르셨지.
삼자가 누구야 대답해라, 남학생들이 키득거렸지.
동근이는 사실 그 버스에 없었지.
동근이 녀석 눈에 띄기만 해봐라.
종아리 박살나도록 걷어차삘기라.
삼이는 집으로 와 이름 누가 지였냐며

툇마루에 앉아 눈이 퉁퉁 붓도록 울었지.
깔깔대며 이야기하는 삼이는 함박꽃.

사춘기 꿈

객지에서 자취생활 막막하여 심장이 바들바들 떨려왔다지. 어렴풋 잠이 들었을까 그녀를 찾아 왔다는 그 남자 낮이면 푸른빛 비늘 뱀이었다는데, 밤이 되면 쪽빛 흐르는 비단 도포자락 살랑이며 사뿐히 걸어와 동침했다지. 뜨겁게 달아오르며 온몸을 휘감던 짜릿하고 황홀했던 그 야릇한 밤이 지난 후 그 남자 다시 나타나지 않았다지. 꿈인 양 생시인 양 가끔은 그립다는 말을 하는 그녀, 사춘기였다지.

운다

까치가 운다. 깍깍 나뭇가지를 움켜잡고 힘없는 소리로 깍깍. 님을 잃었나, 밤잠을 설쳤나, 돌아보는 이 없는 외딴 숲 모퉁이에서 깍깍, 자꾸 운다.

살금살금 비둘기 쫓던 길고양이 한 마리 앙상한 뼈를 드러낸 채 야옹야옹, 이른 아침 쥐똥나무 밑에서 구슬프게 운다. 새끼라도 잃었나, 몸이라도 아픈가, 야옹야옹.

거실에선 털그럭 털그럭, 낡은 선풍기가 운다. 그만 쉬고 싶다 투정을 하나, 더위로 지친 공기 털어내며 털그럭 털그럭 오후 내내 운다.

천둥번개 치며 아우성이다. 서러움 가득 눈물 뚝뚝 운다. 베갯닢 다 적시며 밤새도록 운다.

푸른 요강

은행나무집으로 이사했다. 뒷문을 열면 살구나무 앵두나무에 꽃이 피고 열매가 익던 고향집 뒤뜰 같았다. 창호지를 뚫고 들어온 햇살이 옆자리에 누워 소곤거렸다. 토담집 벽을 사이로 옆집에는 남학생이 살고 있었다. 굵직한 남학생 목소리가 뒷문 근처에서 들리면 잠을 못 이룬 적도 있었다. 허름한 흙벽은 옆집 남학생 이름이 주호라고 알려 주었다. 내 친구 용자는 우리집을 뻔질나게 들락거렸는데, 주호가 다른 여자애와 사귄다는 소문이 돌았다. 용자는 푸른 요강을 들고 와 주호네집 마당에 집어 던졌다. 그 후 용자는 우리집에 오지 않았다.

앞 못 보는 그 노인

수백 년이 지났어도 아직도 잎이 푸른 팽나무 밑 움막집에 혼자 살고 있었다. 아침이면 창호지 문살 뚫고 들어오는 햇살 소리 듣는다. 겨울에는 길 건너 초가집에서 청솔가지 까만 연기 피어오르는 소리 듣는다. 언덕바지에서 소 먹일 풀 베는 총각의 휘파람 소리 듣는다. 다 헤진 옷 헤집고 들어오는 바람소리 듣는다. 깡통 들고 비탈길 더듬거리는 지팡이 소리 듣는다. 도랑물 바위틈에 가재 지느러미 흔드는 소리 듣는다. 한들거리며 손 내미는 들꽃의 웃음소리 듣는다. 꽃 속에서 열심히 꿀을 빠는 벌들의 날갯짓소리 듣는다. 돌아서 지들끼리 놀다가 다투는 아이들 향해 지팡이 한 바퀴 돌려 바람소리를 만든다. 그 노인의 빈 깡통에 몇 숟갈 밥과 김치 담아주는 어머니의 허리 삐걱이는 소리를 듣는다. 처마 밑 제비들이 지지배배 지지배배 박수를 친다. 내 고향에서는 까만 세상도 하얀 소리로 따뜻하게 열리곤 했다.

한 동네 세 동서

한 동네 세 동서가 같은 해 세 딸을 낳았다. 선미는 2월생이고, 숙이는 5월생이고, 막내 정애는 6월생이었다. 선미가 언니인 줄은 알지만 숙이와 정애는 언니라 부르지 않았다. 정애는 숙이를 언니라 부르지도 않았다. 숙이, 정애는 오히려 지들이 언니라고 우겨 선미 속을 들쑤셨다. 보리밭에서 놀던 숙이가 지가 언니라고 우겨 선미 약을 올렸다. 선미는 보리싹을 쥐어뜯다가 선미 어머니인 작은어머니께 야단을 맞았다. 정애는 선미를 벌통 앞에 세워놓고 파리 세 마리 잡으면 언니라 할께. 선미는 눈이 퉁퉁 부었다. 정애는 깔깔대다가 숙이 아버지 큰아버지께 야단을 맞았다. 숙이는 선미 신랑을 형부라고 부르지만 선미를 언니라 부르지 않는다. 언니 소리 듣고 싶으면 정애 교육부터 잘 시키라고 한다. 정애가 나를 언니라 부르면 그때 내가 언니라 부를게. 옆에서 헤헤거리던 정애는 지난해 고인이 되었다. 선미는 이제 누구한테도 언니 소리 못 듣게 생겼다.

꽃잎과 꽃잎 사이

봄바람이 모란시장으로 사람들을 모은다.
리어카에 옹기종기 아마릴리스구근들
제일 허벅지 튼실한 두 녀석을 데려온다.
화분에 나란히 심어 창가에 올려놓는다.
조금씩 경계의 문을 내리고 싹이 움튼다.
꽃대를 밀어 올리느라 뒤틀며 몸살한다.
뽀얀 허벅지로 입술 꼭 모으고 별이 잠든 밤
꽃대 밀어 올리는 소리 포르르 흐른다.
이른 아침 창가에서 선홍빛으로 웃고 있었지.
꽃잎과 꽃잎 사이에도 배려는 존재했다
좌우 꽃망울이 터지고 벌어지며 길을 터준다.
존재마저 미비했던 꽃망울이 쑥쑥 자라났다.
한밤중 별 서너 개가 내려와 꽃이 되었다.
바람이 흔들어 놓은 꽃잎이 은하수가 된다.

여물지 않은 낮달

비탈길 반지르르하다.
밤새 바람이 미끄럼을 탄다.

여물지 않은 낮달이 내려앉은
모과나무 가지에서 매미가 운다.

풀피리소리 들리자,
황조롱이 한 쌍 관객이 된다.

여름이 고드름처럼 주렁주렁
허공에 매달린다.

햇살이 파닥거리는 오후가
어머니 품속이다.

금방 달려오시던 아버지 모습이
연재고개 바람에 흩어진다.

이무기 같은 내 동생

햇살이 비틀대며 양지꽃 한 송이 수탉에게 건네고
바람도 졸졸 시냇물소리 끌며 따라 걷는다.

대청마루에는 진달래 물빛이 내려와 고이고
담장 아래에는 제비꽃물이 아지랑이처럼 피고 있었지.

아부지는 오일장에 가 술 한 동이 드시고
해질녘 고개 넘어 오셨지.

고갯길 넘어오다 요거만한 이무기가
바짓가랑이를 잡아 기겁을 하셨다지.

뱀띠 해에 태어난 내 동생은 신통하기도 해.
열 달부터 아장아장 걸어 다녔지.

장에 가신 아빠 기다리며 노란 무꽃 옆에
이무기처럼 앉아 있었지.

노린재

어리석음을 모아 벽에 가두었다.
벽속에서 불룩해진 장기가 달그락거린다.
걸려있는 괘종시계가 흔들거린다.
시계추가 댕그랑거린다.
빤히 내려다보던 알전구가 끄덕거린다.
까닥까닥 흔들리던 그녀의 발가락이 훌쩍거린다.
박박 긁은 미련이 피멍이 든다.
창밖으로 던져버린다.
조각조각 기어 입은 마음에 술을 붓는다.
나는 노린재의 먹이가 된다.
그의 혀끝에서 노린재 향기가 난다.
낯선 개미 떼들이 새까맣게 몰려든다.
끈적끈적한 혀끝에서 토막 난 언어들이 쏟아져 나온다.
발기발기 찢긴 노린재 숭숭 뚫린 구멍을 거울이 막아선다.

꿈속의 그

평행선을 가면서도
줄을 당겼지

당기다 넘어져 얼키고설키면서도
팽팽하게 당겼지.

자존심이 깨알깨알 모여 산이 되었다가
와르르 무너진다.

청명한 가을 하늘 한 귀퉁이에
살그머니 마침표를 찍는다.

줄이
툭, 하고 끊어지자 비가 내린다.

| 제2부 |

폭염 텃밭의 풍경

텃밭에는 거두지 못한 토마토 애호박이 늙은지 오래다.
손길을 기다렸을 녀석들 얼굴엔 시름 깊어 검버섯이 핀다.
옥수숫대는 앙상해졌고 수염은 그을려 새까맣게 변했다.
잎을 한 장도 떼어내지 못한 담배는 선 채로 연기가 난다.
지켜보던 단호박은 애가 타서 단내를 풍기며 가슴을 연다.
수숫대는 짜리몽이 되어 쭈그리고 앉아 비를 기다린다.
심줄이 불거진 오이는 담벼락을 붙잡고 낮잠을 청한다.

그 여름. 구남매의 밥줄이던 호미를 내려놓으신 채 단내 나던 아버지의 한숨이 파란 하늘에 빨래처럼 걸려있다. 아이들 웃음소리가 불거진 아버지 팔뚝 힘줄 속으로 둥글둥글 굴러다니며 깔깔거렸다.

여름의 끝자락

여우같은 이슬비가 살금살금 발자국을 떼다가 뚝 멈춘다.
실개천에 빠진 구름을 건지느라 청둥오리 발짓이 바쁘다.
감나무 밑으로 짙은 그늘이 가을을 둘러매고 들어온다.
고추밭에 잠든 잠자리 꼬리가 햇볕에 빨갛게 익어간다.
바람의 볼기짝이 꽃씨를 물고 씰룩대다 훅하고 달아난다.
나락들은 이슬 별 바람으로 살을 붙이느라 종종거린다.
뽀얗게 버무려진 햇살이 귀뚜라미를 불러 합창을 한다.
쏟아지던 초록 사이로 한 철 요란했던 폭음이 사라진다.
매미가 홀로 나무등걸에 매달려 눈동자에 이승을 담는다.

별의 건너편에서

스님이 목탁을 두드리자 돌부처 심장이 흔들린다.
돌을 던지자 양철지붕 위에 동전이 쌓여 탑이 되었다.
벌레들이 놀다가 미끄럼판이 된 바람이 여름 깊이를 잰다.
깔깔대던 아이들 웃음소리 나뭇잎에 올라앉아 반짝인다.
꿈틀대던 애벌레가 매미가 되어 밤낮으로 맴맴거린다.
훔쳐보던 고양이가 암탉을 몰아 절 마당이 소란스럽다.
솥뚜껑 속에서 톡톡 튀는 콩처럼 톡톡 튀는 햇살이 웃는다.
청설모가 휘파람을 불자 불곰 같은 그놈이 나타난다.

멍 때리기

눈을 감아요.
하얀 천 둘둘 말아 양탄자로 만들고 마녀 빗자루를 불러요.
닫혔던 틀이 허물어지면 바람소리 들리고 날개 돋아나네.
현기증이 몸을 밀어 올리면 둥둥 몸은 어느새 하늘을 날아,
누가 손잡아 주지 않아도 어디로 가야할지 방향은 알지.
구름 속을 헤집기도 하고, 바람 데리고 장난하기도 하지.
미끄럼도 타다가, 붕붕 피리도 불다가, 꽃향기도 맡다가,
날개 없는 몸 뒤뚱거리다가, 추락하다가, 나뭇가지에 걸려,
눈 뜨면 햇살이 손 잡아주고 꽃향기 콧등을 간질이며 웃지.

바람벽을 뚫고 스며드는 남자

카페 주인을 따라 강아지가 쫄랑쫄랑 목줄 흔들며 간다.
혼자 남은 인디언 음악이 누룽지를 긁다가 비명을 지른다.
턱 괴고 앉아있던 그녀가 햇살이 문턱 향해 휘파람을 분다.
생강나무를 스쳐온 바람의 혓바닥이 카페 안을 휘젓는다.
시침 속으로 빨려들어간 커피향이 고요 속에서 쩍쩍댄다.
문밖 곁눈질하며 지나던 남정네가 햇살에 걸려 자빠진다.
느닷없이 달려드는 경적 소리에 커피 잔이 달달달 떤다.
그녀의 시간들이 쪼개어져 커피 잔에 코를 빠뜨리고 있다.
큐피드가 쏜 화살 구멍으로 따뜻한 바람이 새어나온다.
반나절 째 시간을 잘근잘근 씹어 커피 잔에 토해내고 있다.
그녀의 커피잔 속에 빠진 그녀의 시간들이 거꾸로 선다.
다시 바로 섰다가 팽그르르 돌기도 하다가 다시 선다.
퉁겨진 시침 분침 초침들이 일시에 모였다가 흩어진다.
티스푼을 젓는 순간 그 남자의 향기 헉헉대며 달려든다.

맞선

그들의 맞선자리는 하늘이 뚜벅이 걸음으로 걸어들어 온 호수 한가운데다.

물벼룩은 물수제비 떠서 아카시아 꽃잎을 불러놓고 아침상을 준비한다.

파문이 일렁이는 수면 위로 새소리가 창포 꽃물을 찍어 풍경화를 그린다.

노란빛 보랏빛이 하늘로 퍼지다 물속으로 가라앉는 소리 비둘기가 낚아챈다.

구름을 이고 가는 물벼룩의 허벅지 근육이 가죽바지처럼 번들거린다.

밤꽃 향기가 부영공원을 휘돌아 바람의 꼬리를 잡고 방황한다.

밤새 뜨문뜨문 물수제비를 떠 새벽 문고리에 달던, 그의 꽃밭에 냉이꽃을 심어놓고 창문을 똑똑 두드리는 여자의 하얀 손가락이 작약꽃처럼 흔들린다.

방안으로 들어온 바다

바람이 바다의 엉덩이를 두드리다 몰매를 맞는다.
성난 바다는 바람의 꼬리를 물속으로 끌어당긴다.
사람들의 눈이 파도에 매달려 수평선으로 달려간다.
나른한 오후 햇살이 파도타기 하며 생기를 찾는다.
등대 그늘에서 술판 벌이던 사람들 비틀비틀 사라진다.
수평선에서 쏘아올린 불기둥이 하늘까지 닿았다.

어시장 골목에서 소라 한 봉지 사들고 돌아오다가
꿈틀꿈틀 용을 쓰는 봉지 속 숨은 바다에 빠져버린다.
그 바다에서 헤엄친다, 그 바다에 빠져 허우적거린다.

어떤 봄

개나리꽃물 원피스를 입은 그녀가 한들한들 흔들린다.
시간의 비밀을 알고 있을 책장 속 책들의 얼굴이 뽀얗다.
가만가만 등 뒤에 숨은 햇살 그림자가 안방까지 엿보자,
어서 들어오라고 주름치마 허벅지까지 치켜 올린다.
커튼이 걷어 올린 바람의 볼살이 말랑말랑하다.
목련꽃 하얀 목 쓰다듬던 바람의 눈길이 통통 튀어온다.
돌배기 손주가 할미랑 놀자고 아꿍아꿍 얼굴 숨기던,
뽀얀 자국들이 포오폴 앞마당으로 날아간다.
햇살에 그을릴까 봐 그녀의 치맛자락에 얼굴을 묻는다.
사르르사르르 물어 나르던 날갯짓 소리 들린다.

송이버섯

산안개가 송이밭 지키는 열일곱 소녀 발자취를 따라오고 있었지.

낙엽 사이 삐뚤빼뚤 줄지어 솟아오르는 모양을 신기해 바라보았지.

추석명절 지내고 올라온 오빠 수고했다며 덥석 팔아 교복 사주셨지.

여백

나는 생수를 퍼 담겠다는 열정을
버스에 매달고 여기까지 왔다.

그녀는 밤새 소쿠리에 물 퍼 담느라
다크서클이 썬그라스다.

바람이 씰룩대는 엉덩이로 나뭇잎 하나
툭 떨어뜨려 여백을 채운다.

그녀의 단풍

단풍이 꽃처럼 웃다가 거미줄에 걸려 바둥대다가 비행기를 타고 날아간다.

만국기 달아놓은 일기장 속 그가 호밀 까끌거리는 소리 우체통에 집어넣는다.

약산사 돌담길 사이로 뛰어내린 송홧가루가 개미 등에 업혀 그녀에게 달려간다.

개오줌꽃 피다

계단에서 미끄러져 청바지에 개오줌꽃 핀다.

새로 이사 온 9층집으로 올라가 초인종을 누른다.

현관문 덜컹 열리면서 나오는 그 남자 첫사랑이다.

이걸 닦을래, 죽을래, 말도 못하고 도망친다.

개똥을 밟다

수련꽃이 고개 길게 내밀고 갸우뚱거린다.
초록 아이 눈빛 끌어다가 연대에 매단다.
영그는 소리를 사진 찍으니 쌀밥이 나온다.
꽃물 번지는 걸 바라보다가 개똥을 밟는다.

표주박

꾹꾹 눌러 담아놓은 전생의 이야기들이
바람에 흩어질까 은행나무에 꼭 매달렸지.

물이거나 술이거나 하늘이거나 바람이거나
이승의 구수한 이야기들을 담고 싶었지.

낮이면 가을볕을 먹고 밤이면 별빛을 모아
수천 년 우주의 꿈을 엮고 있었지.

비틀대는 낯선 오후

거친 피부에 핀 버짐은 토분 위에 새초롬히 내려앉은 이끼꽃이지.

털장갑 끼워주던 노랑머리 냄새가 팔랑팔랑 아라뱃길 따라 걸었지.

그을음을 토해내는 화병 속 꽃잎 비틀거리는 오후가 낯설기만 하지.

송홧가루

약산사 뒤뜰로 뛰어내리던 송홧가루가 땅바닥에 코방아를 찧었지.

아카시아 꽃길 사뿐히 걸으며 목탁소리 귀 막고 일탈을 꿈꾸었지.

뒤편에서 흔들리는 솔방울 소리 약산사 풍경소리보다 더 맑았지.

달빛 고운 백운역

사람들이 무거운 발자국 매달고 긴 꼬리 만들며 버스를 기다린다.

달빛 손잡고 창을 넘는 사이 남자는 아직도 잠을 데리고 여행 중.

낭창낭창 늘어진 호숫가 옆 젊은 연인이 쌈밥을 주고받으며 웃는다.

달빛이 남자 얼굴을 거세게 후려치면 그래도 좋단다 달도 웃는다.

한식

술 취한 멧돼지가 씨름판을 벌였지.
질펀한 흔적들이 여기저기 남아 있었어.

무덤은 패이고 잔디는 나뒹굴었어.
어스름 달빛에 구경꾼은 바위뿐이었지.

아버지 꿈속에 찾아와 춥다고 하셨어.
새옷 입혀 드리려고 자식들이 모인 거야.

시골 풍경

까만 밤하늘에 별빛이 안개등처럼 달리고
도랑물 가재 뽀드뽀득 멱을 감으면,
풀숲 파수꾼 반딧불이 반짝반짝 빛을 낸다.
초가집 기둥에 호롱불 밝히면
하루살이 모기떼가 축제의 장을 열고,
댑싸리숲 풍뎅이 붕붕거리고 무당벌레는 요염하다.
봉당 아래 젖은 쑥 한 다발에 불이 지펴지고,
멍석 위 함지박엔 찐 옥수수와 젖가슴만한 찐빵이
복술이네 대가족 야참으로 푸짐하다.
어머니의 옛날이야기 들으며 하나둘 잠 속으로 빠져들면
멍석은 김밥처럼 말려 헛간에 세워진다.
고야나무 아래 닭장 속 수탉이 서둘러 아침을 데리고 온다.
여섯째 복슬이 바디골 강가 소풍 가는 날이라고,
꼬끼오 꼬끼오.

편지

그의 마음이 상자 속에 담겨 택배로 배달되어 왔다.
상자를 뜯는 손가락 끝으로 마음이 은하수처럼 흩어진다.
뽀얗게 흩어진 마음이 손끝에서 돌돌 말아져 편지가 된다.

작약꽃이 환하게 필 때쯤

앵두나무 아래 작약꽃이 웃을 때 아버지 무릎 배고 누우면 하늘이 다가왔다. 아버지 티셔츠에서 들판을 가로질러 온 초록의 땀내가 자장가를 불렀다. 싸리담장을 넘어온 바람도 두 다리 뻗고 누워 잠이 들었다. 자작나무숲 구름다리 타박타박 걸어가는 햇살도 눈부셨다. 작약 꽃가루 퍼나르는 꿀벌들 윙윙거리는 소리는 수상하기도 했다.

신발이 벗겨지도록 장턱걸이 고개로 아버지 찾으러 간다. 아버지는 벌통 앞에서 여왕벌을 골라잡고 일벌들을 모으시네. 뜨거운 햇살 아랑곳하지 않고 미동도 없이 기다리시네. 새까맣게 모여든 벌들이 수박만한 크기로 아버지 팔에 매달리네. 벌통에 새 살림 난 벌을 입주시키면 아버지 돌아와 마루에 누우시네. 별이 유난히 반짝이는 하늘에서 벌떼들 윙윙 소리가 나네.

| 제3부 |

연인산 · 1

연인산 산다래에서 마악 몸을 푼 산모 젖 냄새가 난다
젖 냄새를 맡은 그 남자 느릅나무 꼭대기까지 오른다.
낮에 먹은 돼지 발꼬락 냄새가 목구멍까지 차오른다.

연인산 · 2

그녀는 산 등덜미 척추 하나하나를 꾹꾹 밟아 오른다.
촉촉한 응달 능이버섯은 구렁이를 끌어안고 단잠을 잔다.
그녀의 숨소리가 천둥소리를 내다가 골짜기로 뒹군다.

연인산 · 3

잣나무 아래에서 개미들 체육대회가 열렸지.
산머루 알갱이가 술렁술렁 요들송을 불렀지.

청솔모가 박수 치다 들고 있던 잣을 떨어뜨렸지.
그 남자 잣송이 집어 들고 비탈길 내려왔지.

들고 내려온 잣송이에서 잣나무 청솔모
끈적거리는 이야기들 꺼내어 그녀에게 내밀었지.

그 치킨집에 가면 · 1

마파치킨집에 가면 백자 항아리에 이상한 글자가 쓰여 있다. 항아리 속에서는 참방참방 꽃게가 기어 나오고 밤이면 그 항아리 백로의 엉덩이 색으로 변하기도 한다.

오는 사람들 항아리를 쓰담쓰담 쓰다듬는 사람도 있고, 어떤 사람은 문틈으로 훔쳐보기만 하다가 가기도 하고, 어떤 사람은 주문을 외듯 혼잣말로 중얼거리기도 한다.

어떤 사람은 머리를 쥐어뜯다가 가고, 어떤 사람은 혼자 웃다가 울다가 가기도 한다. 꽃 한 송이 몰래 탁자 위에 올려놓고 가는 사람도 있다. 꽃잎이 마를 때까지 백자 항아리 언제나 그 자리에 있다.

그 치킨집에 가면 · 2

그 치킨집에 가면 날개 없는 천사가 펄펄 끓는 기름 속에서 걸어 나온다. 손님들이 벽에 남긴 낙서들이 울다가 웃다가 술에 취해 잠이 들었다가 다시 일어나 수다를 떨다가 배가 고프면 누룽지탕을 먹는다.

싸움을 하기도 하다가 화해를 하기도 하고, 시계 바늘 거꾸로 잡고 흔들기도 하다가 시계바늘에 올라타 그네를 타기도 한다. 그러다가 제자리에 죽은 듯 붙어 벽과 한 몸이 되기도 한다.

작은 뾰루지로 찾아왔다가 커다란 상처가 되기도 하고, 흔적이 되기도 하였다가 점이 되기도 하였다가, 한 몸이 되어 곳곳에 먼지처럼 쌓이기도 한다. 마치 먼 고려시대 것처럼 보이는 골동품이었는데 그 속에 핀 해바라기가 해를 찾아 고개를 내민다.

연 날다

청도에서 할아버지 따라 날아온 독수리다.
호스피스 병동 할머니 생각에 자꾸 흔들린다.
태양도 구름 속에 묻혀 눈빛이 그렁그렁하다.
독수리 연 그늘 아래 날 듯 날 듯 날지 못하는
파도 위 갈매기 한 마리 시린 발 동동거린다.

꽃비

햇살들의 수다가 도로 위에 길게 드러누운 오후다.
자동차가 신작로를 달리다가 삐그덕거리면서 멈췄다.
바퀴 하나 빠지면서 떼구르르 산 위로 올라가더니,
산그림자 가득 싣고 산신령을 태워 내려온다.

고장 난 버스가 읍내로 들어서자 여자들이 아우성이다.
버스가 여자들을 태우고 사뿐히 구름 속으로 사라진다.
사라졌던 여인들 꽃비가 되어 뛰어내리기 시작한다.
지나가는 남자들을 향해 사정없이 뛰어내린다. 꽃비.

아이들의 꿈

아이들 생각이 교실 지붕을 뚫고 봄날의 아지랑이 되어 세상 밖으로 날아오른다.

생각은 나비가 되고 새가 되고 구름도 되고 바람도 되어 지구 밖으로 날아오른다.

운동장에서 재잘대던 아이들 소리 담장을 기어올라 나비 등에 올라 달나라 여행 간다.

바람난 다람쥐

다람쥐 아가씨 도토리 줍다가 미끄러져 퐁당 빠졌다네.
도토리 깔깔 웃다가 배꼽이 빠져 우물에 퐁당 빠져버렸네.
청설모가 깔깔대며 손잡다가 뜨거워진 손이 부끄러워요.
그놈이 서방이 되었다네. 참 부끄러워 살 수가 없다네요.

찢어진 단풍잎

이른 아침 찢어진 단풍잎이 날아들었지.
하롱베이 파타야 보루네오 십년지기였네.

시집 안 간 딸 두고 어찌 눈 감았을까,
거구가 한순간에 쓰러진 고목이 되었네.

단풍잎은 떨어져 날다가 이리저리 부딪히지.
가족들의 눈물은 골짜기로 흩어지고.

이별할 용기도 없어 기도만 했지.
마른하늘에서 까마귀 소리 들렸지.

선돌 아래 물빛

더위 싫어 떠났으면 갈바람 부는 계절에는 돌아와야지. 새 운동화 신고 동생들 불러 삼겹살 파티도 했다면서. 닭똥 같은 눈물 쏟아내는 언니는 어찌 살라고.

반짝이는 물빛 하도 고우니 죽거든 이곳에 뿌려 달라 했다던 그 말이 씨가 되었을까. 야트막한 강물에 얼굴 묻고 어쩌자고 헤어나지 못하고 영혼을 묻었을까.

어린 시절 아카시아 하얗게 핀 도랑가에서 가재 잡고 물장구치며 놀았던 기억이 선한데, 한 줌 재가 되는 과정을 고스란히 지켜봐야만 하는 동갑나기 사촌.

시린 하늘빛이 꼭 선돌 아래 물빛 같구나.

벽장 속의 비밀

아랫목에는 손이 닿지 않은 비밀스런 공간이 있었다.
어른들은 꼼지가 살고 있다고 말하곤 했다.
큰언니는 문을 열면 쥐가 손가락을 깨문다고 말했다.
다섯살 동생을 엎어놓고 올라가 벽장문을 열려는 순간
동생이 견디지 못하고 고꾸라진다.
나도 방바닥에 나뒹굴어 이마에 혹이 생겼다.
문고리를 걸어 놓은 둥근 손잡이가 혀를 쏘옥 내민다.
말통을 낑낑 들고 와 엎어놓고 겨우 벽장문을 열었다.
까치발을 하다 중심을 잃고 또 방바닥에 곤두박질쳤다.
콧잔등이 부풀어 올랐으나 울지도 못하고 낑낑거렸다.
몇 년이 지나 동생을 다시 엎어놓고 올라갔다.
컴컴한 귀퉁이에 꿀단지가 보였다.
끌어안고 돌아서는데 동생 어깨가 무너져 내리고
방바닥에 떨어졌다. 꿀단지가 깨졌다.

칡꽃

아이들 웃음소리가 칡덩굴 속에서 웡웡거렸다.
비가 내리면 그 소리 더욱 번뜩이며 발광했다.

빨간 팬티만 걸치고 온몸 젖도록 동네를 질주했지.
유행가처럼 흥얼거리며 정신줄 탁 놓아 버렸지.

바람이 없는 날에도 갈팡질팡했다 어디로 갈까요.
여기 공순원* 으로 갈까요 저기 연재등* 으로 갈까요.

어린 새댁은 칡꽃이 흐드러지게 피던 밤에
젖먹이 두 아이 손잡고 서울행 버스를 탔지.

비 내리고 바람 부는 밤이면 칡꽃은 더 흔들리고,
아이들 웃음소리도 비바람 속에서 더 발광했지.

* 신작로로 넘어가는 이웃동네.
* 산등성이로 넘어가는 산중턱을 말함.

닭서리

고향집 뒤뜰 고야나무 밑에 허름한 닭장이 있었다.
아침잠을 깨우는 활기찬 수탉소리 미운 적도 있었다.
해가 뜨면 지렁이도 주워 먹고 풀벌레도 잡아먹었다.
어둠이 내리면 닭장 속 횃대에 올라 잠이 들었다.

달빛이 담을 넘어와 꽃잠 속에 빠져드는 밤마다
닭장 속 닭이 사라지곤 했다.
살쾡이가 물어 갔다고 했다.
족제비가 물어 갔다고 했다.
누렁이가 물어 갔다고 했다.
고라댕이 날짐승들이 와 물어갔다고 했다.

아버지는 찾는 시늉만 하다 돌아오곤 하셨다.
오빠들은 짐승들이 물어 가면 찾아도 소용없다 했다.
막내동생 혼자 씩씩대며 산비탈을 돌아다녔다.

명절날 아침 형제들이 모여 서로 살쾡이라 한다.

족제비라 한다. 누렁이라 한다.
형은 고라댕이 날짐승이라며 낄낄댄다.
막내동생 혼자만 아직도 씩씩거리며 방바닥을 친다.

친구네집 사랑방 근처에 가면 닭고기 냄새가 나고,
거름더미 위에 닭털이 널브러져 팔랑거렸다.
아버지는 이 사랑방 근처에는 얼씬도 않으셨다.

아이는 음악가

오선지를 통통 튀던 음표들이 밥상 위로 내려앉는다.
아이는 음표들을 집어 작은 동굴 속 건반으로 작곡을 한다.
해냈다고 짝짝, 아이 얼굴은 동그란 오선지이다.

입 언저리에 붙은 밥알 하나 "미" 되었다가,
손가락으로 밀어 올리면 "솔" 되었다가, "파" 되었다가,
라라라, 꼬리 흔들며 동굴 속으로 미끄러진다.

맛있다고 짝짝, 밥알 콧잔등에 붙이고 쉼표를 찍는다.
김 가루 하나 떼어 사분음표도 만들고,
멸치 하나 집어 들고 높은음자리도 만든다.

달아나는 음표 꼬리 잡아 허공에서 지휘도 한다.
빙빙 돌리면 어질어질 음표는 달아나다가,
발등에 척하니 내려앉다 엉덩방아를 찧는다.

턱받이에도 식탁 위에도 벗어놓은 신발 위에도,

음표들은 꼬리 흔들며 날아가 풍뎅이 엉덩이 되고,
덜 익은 표주박 주둥이 되고, 달팽이 허벅지가 된다.

신기한 듯 짝짝, 이마에 수박씨도 붙이다가,
시금치도 뜯어 살방살방 날마다 창작을 한다.
신발 위 노란 음표 하나 통통 튀어 나비 등에 올라앉는다.

언니는 수술 중

조카가 내민 커피를 마신다.
생전 처음 느끼는 쓴 맛이다.
전광판을 올려다 본다, ○○○ 준비 중.
퉁퉁 부은 얼굴로 마른 입술을 축이던
언니 모습이 전광판에 대신 걸려 있다.
전광판을 쳐다 본다, ○○○ 수술 중.
책을 펴 들었지만 머릿속이 하얗다.
전광판, ○○○ 회복 중.
병실로 올라온 언니는 배가 뒤틀린다며 몸부림친다.
간호사가 무통주사 뒤통수를 누른다.
치치칙, 혈관을 타고 통증을 잡으러 가는 소리 들린다.
몸 속 일부가 떼어져 나간 아린 소리를 뱉어낸다.
통통해진 소변 주머니를 비워놓고 병원문을 나선다.
하늘이 쾌청하다 내일이면 걸을 수 있다잖아.

오늘

평행선을 잡고 오래 달렸다.
뻔히 아는 평행선을 마주 잡고 팽팽하게 당겼다.

여름이 지나간 발자국을
가을은 조용히 따라 걷는다.

손톱만큼의 자존심이 하나하나 모이더니,
산만큼의 무게가 되어 와르르 무너진다.

청명한 가을 하늘에 대고 마침표를 찍어댄다.
줄다리기 하던 줄이 끊어지는 소리 우레 같다.

창덕궁의 봄

배롱나무꽃잎이
예닐곱 소녀 저고리에 봉긋이 내려앉는다.
희희낙락 꽃가지 앞에서 사진을 찍는다.
기왓장에 내려앉은 꽃잎이 비둘기와 노닥거린다.
시집가던 누이 치마폭에 놓여있던 꽃잎이다.
바람난 꽃잎이 폴폴 날아 담장을 넘는다.
비둘기가 뒤뚱거리는 걸음으로 쫓아가다 넘어진다.
졸고 있던 바람이 덩달아 꽃잎을 잡으러 달려 나간다.
아장아장 걸음마 하던 아기 시선이 날아가
창덕궁 안 용상에 올라앉는다.

가을, 하얀 도화지

논두렁에 드러누운 술 취한 허수아비 참새와 친구가 된다.
우체국 앞 빨간 우체통이 동그란 눈으로 하품을 한다.
앞마당 감나무는 시집간 영이누나에게 노란 편지를 쓴다.
숙이는 벌레 먹은 사과 같은 계절이라며 하얗게 웃는다.

개밥 그릇에 소복이 날아와 앉은 바람소리는 검은색이다.
톡톡 가슴을 두드리는 첫사랑은 분홍색 꽃물을 전한다.
치자나무는 토실하게 자란 열매를 햇빛에 말리고 있다.
가을은 형형색색 주술을 풀어 가슴 시리게 마음을 훔친다.

선몽

잔칫날 뒤뜰에 솥 걸고 어머니는 끓는 물에 콩나물 한 시루 삼고 계셨지. 어머니는 갑자기 가마솥 뜨거운 물을 얼굴에 부으셨지. 깜짝 놀랐지. 등골에 소름이 따개비처럼 따닥따닥 돋아났지. 남편은 출근하고 따분한 오후 도너츠를 만들자 예쁜 팔지를 만들자 하트도 만들고 네모진 안경알도 만들어 야지. 후라이팬에 기름을 달궈 모양낸 도너츠를 튀기고 찬장 안에 있는 설탕을 꺼니 돌아서는 순간 대포알 터지는 소리 들렸지. 펑, 기름 파편이 온 얼굴로 날아들었지. 까마득했지. 놀라 주저앉았지. 기름이 공중으로 날아다녔지. 방안에 웅크리고 앉아 울고 있었지. 아장아장 걸음마 떼는 조카가 이모 찾아 뒷방으로 들어왔지. 뒷걸음질 치며 집으로 돌아가 엄마를 데리고 왔지. 언니가 놀라 병원으로 데리고 갔지 화상 연고를 바르고 바셀링 가아제로 가면처럼 얼굴을 덮어 집으로 왔지. 터벅터벅 남편 발자국 소리 킹콩 같았지 이불을 들추며 까꿍 남편은 애교 떨었지 마사지 팩 안 해도 우리 색시 예쁜데 눈물 펑펑 쏟아내며 울고 말았지 그제사 사태 파악 들어간 남편이 말했지 괜찮아 평생 책임질 임자 있는데 어때 치료만 잘하면 괜찮아 안겨서 또 한참을 울었지. 햇빛을 보면 빨갛게 따가워지는 기름 파편의 흔적들 화상부의 피부는 벗겨져 뱀 허물처럼 밀려나가고 세 살이 돋았지. 가마솥에서 펄펄 끓던 얼굴에 부우시던 어머니가 조심하라 일러주시던 선몽 왜 그때는 몰랐을까 엄마 나이가 된 지금에서야 알았네 살아온 날들의 상채기는 은밀하게 숨어있다 때가 되면 뾰족이 고개 들어 상흔을 상기시키는 화상부위와 닮아 있었지.

무관심

안경이 사라져 예전 알 빠진 안경을 쓰고 나왔다. 무심히 지나쳤던 풍경들이 새롭다. 전에도 몇 번 보고도 무심히 지나쳤던 글들이 오늘은 울렁울렁 눈물샘을 자극한다. 파란 하늘로 눈물샘을 꾹꾹 눌러놓는다.

뽀얗게 쏟아져 내리는 햇살이 따스한 오후다. 카푸치노에 그리다 만 하트를 들여다본다. 뜰을 거닐던 가을이 커피잔에 입술을 댄다. 앞마당 검둥개는 뭉기적뭉기적 그림자를 지우고, 바람은 나뭇잎을 치근대다 쪼르르 달려 나간다. 참새는 늙은 허수아비 등 뒤에서 이삭을 쪼아댄다. 고즈넉한 빨래줄엔 잠자리가 구름을 널어놓는다.

| 제4부 |

시골집

쇠죽 쑤는 냄새가 구수하게 석양과 버무려진다. 외양간 어미소는 긴 꼬리로 바람을 일으킨다. 처마 밑에 뿌리를 둔 고드름이 삐뚤빼뚤 키 재기를 하다 떨어져 내리는 소리 요란하다. 논바닥 얼음판에서 스케이트 지치던 꼬마들이 분주하다. 밥 짓는 어머니의 뒷모습은 부엌에서 타들어가는 솔가지 소리 내며 행복을 부른다. 젖은 엉덩이 들썩이며 집으로 돌아가는 아이들의 발걸음엔 딸랑딸랑 쇠방울소리 들린다.

옹달샘

꽃잎은 흩어지고 바람은 까치발을 세운다.
나비가 산딸기 열매에 누워 잠을 청할 때
햇살은 보리수 가지 위에서 그네를 탄다.

풀잎이 달그락거리는 여름 십리 산길 걷던
열다섯 살 가시나 두 손으로 샘물 움켜 마시다가,
돌부리에 똬리 튼 빨강머리 초록 줄무늬 뱀이
고개 치켜들자 책가방 집어던지고 줄행랑쳤다.

송홧가루 모아 다식 만드시던
어머니 향기가 햇살로 내려앉는다.
햇살이 앵두나무 가지에 걸려 기지개를 켜는 봄,
청량산 기슭 찻집에서 솔잎차를 마신다.

봄비

봄비가 내려요. 행운이네 부엌에도 지글지글 봄비소리 들려요. 설겅 위 놋그릇에 파릇한 세월이 눈을 붙여요. 늙은 호박 곱게 채 썰어 쌀가루 넣고 전을 부쳐요. 늙은 호박 껍데기 벗기기가 숫처녀 속옷 벗기는 것보다 더 힘들다 말하는 샛별이 엄마. 뜨거운 물에 살짝 데쳐 감자칼로 벗기면 늙은 과부 옷 벗기듯 홀라당 벗어진다고 깔깔대는 승희 엄마. 지글지글 빗소리에 묻혀 전이 엎어졌다 뒤집어졌다 하는 사이 울아버지 막걸리잔에도 빗방울이 내려요. 수염에 올라앉은 막걸리 방울을 보며 빗방울이 재롱을 떨어요. 빨래줄에 매달린 구슬들이 또르륵 또르륵 굴러 떨어지네요.

너를 만난 날

나비가 바람을 따라 봄길을 걷는다.
하늘은 높이 떠올라 마술봉을 휘두른다.

붉은 수수쌀만큼 나무에 꽃망울이 맺히더니
햇살은 반나절 빛으로 꽃튀박을 튀긴다.

산에도 들에도 공원에도 온통 꽃튀박을 튀긴다.
소리 없는 향기가 온 세상을 뒤덮는다.

야시장 꽃튀박 튀겨진 벚나무 아래에서
순대볶음 조깝데기 술 한 동이를 마주하고 앉는다.

목련도 목 길게 빼고 구경하고 있다.
진달래가 까치발을 하고 술동이에 코를 박는다.

술잔에 내려앉은 꽃잎 하나
배시시 웃다가 비틀댄다.

〉

초승달도 별을 데리고 꽃구경을 나온다.
바람은 어스름을 안고 야시장 구석구석을 쏘다닌다

두더지 잡다가, 인형 뽑기 하다가, 풍선 터뜨리기 하다가,
접시 돌리기, 농구공 던지기 하다가, 깔깔대다가,

우르르 몰려가 한 장의 추억을 엮어
벚꽃나무에 매달아 놓고 잠이 들었다.

그 밤에
너를 만난다.

고슴도치

여름의 끝자락 코끝 찡그리는 냄새를 찾았지.
냉장고 뒤편에 고슴도치 한 마리 웅크리고 있었네.
밖으로 밀어내려 어머니는 빗자루를 들었지.

움푹 패인 옆구리에 구더기가 바글거렸지.
어머니 따가운 가시에도 구더기 털어내시고,
약을 곱게 갈아 먹이고 상처에도 붙여주셨지.

쳇바퀴 뒤집어쓰고 고슴도치는 잠이 들었지.
잘 살아라 잘 살아라 아프지 말고 잘 살아라.
어머니 고슴도치를 산비탈에 놓아 주셨지.

어머니는 바람 한 점 없는 드넓은 곳에 서 계셨다지.
돌아가신 외할머니 고슴도치 따라가라 하셨다지.
고슴도치가 몇 겹 문 열어주고 또 열어 주었다지.

심장병 앓던 어머니 숨이 없자 아버지 펑펑 우셨지.

달도 없는 길 병원도 못가고 손만 붙들고 우셨지.
워워이워워이 고습도치 부르며 어머니 숨을 거두셨지.

바다가 된 당신

햇살이 내려와 손잡아 주었잖아요.
대숲이 사그락거리는 소리도 마다 하셨잖아요.
당신은 옷자락 펄럭이며 바다로 걸어가셨지요.

밭 매던 호미 흙이 채 마르지도 않았습니다.
무슨 조화로 그 가슴에 바다를 담으셨는지요.
당신의 흔적들은 더 푸르게 바다와 하나가 되었지요.

소라 껍데기에 붙은 귀가 잘려나가 뭉퉁그래지면
당신의 가슴도 잘려 나갈까 걱정이 됩니다.
시간이 얼마나 흘러야 먹먹한 생각들이 고요해질까요.

뱃고동 소리가 흐느적입니다. 바다 냄새가 흐느적입니다.
당신의 심장도 흐느적거리는지요.
모래알이 떼구르르 굴러 지구를 몇 바퀴나 돌아야
거북 등껍질 같이 단단하게 굳어 당신을 잊을 수 있을까요.

바람이 창문 틈새를 움켜잡고 있습니다.
영흥도 대숲에서도 옷자락 소리 쏟아집니다.
밤새 바다를 바라보며 흔들립니다.

텃밭의 내력

장대비 쏟아진 텃밭에 산사태가 나더니
흙더미 사이로 백골 시신이 튀어 나왔다.
아버지는 텃밭 끄트머리에 새 무덤을 만들어 주셨다.
해마다 풀 깎고 잔디 돋우던 아버지가 돌아가시고
어머니가 그 일을 맡으셨다.

엄동설한이었다.
눈발 속 무덤에서 훤칠한 남정네 걸어 나오더니
성큼성큼 고개를 넘어갔다.
어머니는 그 남정네 집으로 제삿밥 먹으러 갔다고 하셨다.

그 후로도 어머니는 더 지극정성으로 무덤을 관리하셨다.
(그 남정네 어머니 꿈속에 고맙다고 수십 번 절 하셨다지.)
그 덕에 어머니 구순에도 건강하시고 우리 가족 다복했다.

알랑가 몰라 · 1

구름은 하늘에 몽글몽글 피어나는 하얀 꽃이지.
주태백이 놀러오면 꽃은 잠시 잠을 잔다는 걸 알랑가 몰라.

그는 밤새도록 그녀를 통째로 마셨다지.
그가 마셔버린 그녀의 머릿속은 백지였다지.
눈동자는 맑고 밤새 마신 입술은 닭벼슬이었지.

그가 마신 꽃은 더 붉어졌지. 더 활짝 피었지.
들었다 놓았다 더 붉어지고 더 뜨거워진 술은
그녀를 마시면서 비틀대던 그를 알랑가 몰라.
그녀는 알랑가 몰라.

새벽 다시 술국을 찾아 순대국집을 찾았지.
들깨 두어 스푼 떠 넣는 순간 알랑가 몰라.
참깨를 넣어야 술이 깬다는 걸 알랑가 몰라.

알랑가 몰라 · 2

태양이 왜 뜨거운지 알랑가 몰라.
태양은 달을 너무너무 사랑했지만
달이 너무 차가워 다가갈 수 없었다는 걸 알랑가 몰라.

태양은 차가운 달을 따뜻하게 해주려고 뜨거워졌지.
그래도 달은 태양을 받아주지 않고 자꾸 도망 다니는 걸.
너는 알랑가 몰라 달은 태양이 뜨거워서
자꾸 도망 다닌다는 걸 알랑가 몰라.

태양은 그래도 달을 열렬히 사랑했다네.
달은 태양을 가까이 할 수가 없어 안달이 났지.
퉁퉁 부은 얼굴은 보름달이 되었지, 너는 알랑가 몰라.

태양은 달을 안고 싶어 안달이 나 빨개졌다네.
빨개진 몸 식히려고 서산을 폴짝 뛰어 넘어가는 걸,
알랑가 몰라.

무지개다리 건너 달을 찾아 나섰지.
낮달은 뜨거워 하얗게 질려 또 도망갔지.
너는 알랑가 몰라.

태양은 꼭꼭 숨은 달을 찾지 못해
매일매일 절망해서 바다 속으로 뛰어들지.
지평선으로 태양이 뛰어들면 그제야,
달은 빼꼼이 나오면서 가지 말라 가지 말라 울지.

물꽃

봄비가 벚꽃가지에 물꽃을 피우고
버들강아지 몸을 뒤틀며 기지개를 켠다.
추적거리는 빗줄기는 한 나절이나 내린다.

어머니는 솥뚜껑을 화덕에 엎어놓고 부침개를 부치신다.
지글지글 부침개 소리 빗방울과 어울려 노릇노릇해진다.

부엌문이 삐그덩 열리더니 헛간에서 새끼를 꼬던
침이 덜 마른 아버지 손이 들어온다.
부침개 한 조각 뚝 떼어 입에 넣으시고
어머니 옆에 엎어져 있던 바가지를 툭 치신다.

부침개 한 조각 입에 꿀꺽 집어넣고 나서다가
앗 뜨거, 마당 끝 감나무 잎에 맺힌 이슬을 빨아 마시면
앞 냇가에 쌍무지개가 걸려 있다.

겨울강가

바람이 서걱서걱하다가 휑, 눈송이를 날린다.
뱀가죽을 둘러맨 어둠이 수면을 팽팽하게 끌어당긴다.
빌딩숲이 긴 그림자를 늘여 고기 떼를 유혹한다.
갈대는 시린 발을 담근 채 잠들어 있다.
초승달이 버드나무 가지 위에서 강태공이 되었다.
강물을 헤엄쳐 건너는 겨울이 할딱거린다.
벌판을 치달려온 바람이 주둥이를 삐죽거린다.

복숭아아이스티 단맛에 남자의 혀끝이 쫀득거리는 순간,
술 취한 야경이 비틀대며 그의 가슴팍으로 스러진다.
푸드트럭에서 군고구마 냄새가 뱀처럼 기어온다.
강물이 남자의 귀에 더욱 가까이 다가오면
밤하늘에 꽃별이 뜬다.

그와 그녀의 전설

은행나무 아래에서 술빵 냄새가 난다.
마시지 못하는 술을 종이컵 가득 마신다.
머리가 흔들리고 머리칼도 흔들린다.

삐딱구두 신고 파도를 탄다.
파도치는 속을 뒤집어 비워낸다.
민낯은 어둠이 내려와 가려준다.

가고 있다는 말이 한 시간 전에 진눈개비 속을 건너왔지.
쌍굴 다리 앞에서 첫눈 약속이 바람이 된다.

그와 그녀는 은행나무 아래 전설이 되었다.
내 지독했던 술은 농익어 술빵이 되었다.
단풍잎이 우르르 몰려와 비아냥거린다.

앉은뱅이 탁자 위의 양초

할머니가 앉은뱅이책상 앞에 앉아계신다.
잠결에 일어나다 놀라 소변을 지린다.
이불 뒤집어쓰고 기절한 척했다.

사립문 열리는 소리 들리고 작은 오빠 밤도깨비 나타났다.
밤도깨비 붙들고 소리친다.
오빠 방안에 돌아가신 할머니 계셔.
창호지 문틈으로 쏟아져 내리는 달빛 배고 주무셔.
지난번 할머니 제사 때 쓰던 양초란다.
앞으로는 양초를 눕혀놓고 자거라.
할머니께서도 네가 보고 싶어 다녀가셨구나.

그 소녀 할머니가 되어 손자 손 잡고 웃는다.

거북이 한 쌍

네 살배기 막내아들 성화에 거북이 한 쌍을 들였다.
수족관에 모래와 자갈을 깔아주고 물을 부었다.
주먹만 한 돌멩이 서너 개도 넣어 주었다.
거북이는 몸집도 차츰 커져갔다.
가끔은 아이의가 먹던 과자가 수족관에서 둥둥 떠다녔다.
유치원에서 돌아온 아이가 거북이 배고플까 봐 밥을 주었다.
밥이 떨어져 사러 가려던 참인데 뭔 밥을 주었을까.
거북이 한 쌍 목을 축 늘어뜨린 채 움직이지 않는다.
물빛이 이상해 아이에게 물었다.
옆에 있던 세제를 먹이라고 주었다고 한다.

거북이를 산기슭에 묻어 주었다.
울지 마 민규야, 내가 내일 거북이 한 마리 줄께.
달래는 여자 아이는 아들 유치원 친구다.
아들은 거북이 한 마리 들고 친구 손잡고 싱글벙글이다.
한 마리씩 나눠 키우면서 아이들은 단짝 친구가 되었다.
가끔 거북이를 작은 통에 담아 들고 오갔다.
그 아이들이 지난 해 봄 결혼식을 올렸다.

가을 속 봄과 가을의 연애

가을 햇살이 마실 나왔다.
고춧잎 따는 여자들의 심장소리가 파닥거린다.
배추잎을 갉아먹던 달팽이가 놀라 땅바닥에 뒹군다.
뒹굴다가 무밭으로 가면,
배추밭 여자들 소문이 무밭까지 전해진다.

밥상을 구경하러 내려오는 박새들이 시끌벅적하다.
오리 떼를 찾던 여인의 시선이 하얗게 부서진다.

도리깨질 사이로 발악하는 들깨알들이 탱글거린다.
깔깔거리는 유자가 농익은 속살을 드러낸 채 잠이 들고,
옷자락 슬그머니 걷어 올리며 해바라기가 얼굴을 돌린다.

악몽을 꾸는 여자

스산한 바람이 이는 육교 위에 서서 여자가 위태롭게 옷을 주워든다. 흔들리는 사다리를 서너 계단 올라가 바들바들 떨며 간신히 벽을 붙잡고 옷을 챙기던 여인이 발끈한다. 밤마다 남자는 여인이 잠든 사이 여인의 옷을 밖에 내다 버린다. 가슴에 품은 또 다른 여인을 꿈꾸며 여자를 밀어낸다. 낮에는 평온한 부부이지만 밤이면 엇박자 내는 남편을 향해 발악하듯 소리치다가 소스라치며 그녀는 잠에서 깬다.

꽃이 피다

아득한 날의 기억이 모퉁이를 돌아와 예쁜 몸짓이 된다.
애써 눈감았던 일들이 머무르지 못한 바람의 날개가 된다.
때론 비수가 된 꽃잎들이 회오리가 되어 심장을 가른다.

한때는 풍첩초랑 코키아가 흐드러진 꽃밭에서 서성였다.
서툰 몸짓들이 꽃으로 피고 나비 한 마리 날개를 접는다.
햇살은 갈래머리 따고 바람은 꽃향기 한 바구니 담아온다.

해바라기 전설

서걱거리는 바람을 주어다가 연서를 쓴다.
야생의 허공 속에 숨겨둔 황금빛 순정이다.

아홉 밤낮을 애원해도 얻지 못한 사랑이 환생했다.
부르튼 발이 뿌리를 내려 한 떨기 꽃이 되었다.

수천 년 외 사랑에 얼굴마저 오롯이 당신을 닮는다.
부질없는 그리움에 타들어간 속내 폭염 속에서 웃는다.

|해설|

맹아기萌芽期의 '잠과 꿈', 모순 극복하기

—배아라 시의 미래를 위하여

백인덕 | 시인

1.

시는 기록이다. 문자 언어에 기반한 표현의 결과물, 따라서 자체적으로 불변하는 외형과 유동적인 내면을 갖는다. 이때 외형이란 흔히 문면文面, 또는 축자적으로 단어의 의미를 전부 합한 것에 다름 아니고, 내면은 해석에 따라 가치가 변할 수밖에 없는 의미, 즉 형形이 아니라 의意,(뜻)를 지칭한다. 개념적 명제로서의 시poetry가 아닌 모든 작품a poet은 일종의 기록으로 필연적으로 이런 구조를 갖는다. 하지만 시(서정시)는 장르를 형성하는 강력한 개성, 즉 주관적 '고백'이라는 데서 여타의 기록물들과는 확연하게 다른 성질과 특징을 드러낸다. 주관적이라 함은 가치의 기준이 작성자에서 비롯한다는 것이고, 고백이란 청자를 가로치거나 무한정 확장하는 발화양식이라는 것이다. 따라서 이런 양식은 '자기회귀'라는 특성을 갖는다. 즉, 기록하는 자가 제 일의적 독자인 동시에 독자의 전부일 수도 있다는 것이다. 하지만 이 극단적 경우는 인쇄, 출판이라는 후반 작업을 통해 완화된다. 거기에 따라 '보편성'의 문제가 대두하는데, 작품의 내면이 유동적이라는 것은 '해석의 기준에 따라 가치가 변할 수 있음'을 원초적으로 인정한다는 말이므로 읽는 사람 각자의 경험과 의미가 되살아나면서 일종의 보편성을 확보하게 된다. 그렇게 해석이 다양화 하면서 동시대, 또는 인류라는 차원으로까지 정서적 울림이 확장할 수 있다. 어쨌든 이렇게 쓰인 시는 자기회귀성과 열린 해석 가능성이라는 두 층위를 다 고려해야만 한다.

배아라 시인은 이 새로운 기록 수단(시)에 직면하면서 내용으로서의 '의'와 형상화에 대한 솔직한 고민을 이번 첫 시집, 『떠도는 잠』에서 선명하게 드러내고 있다.

> 천지발광을 해대던 잠이 거실장을 더듬어 먹물을 꺼낸다.
> 익숙한 손놀림으로 옹기그릇에 먹물을 따르고 붓을 든다.

덮고 자던 이불을 펼쳐놓고 먹물로 큼직한 글자를 쓴다.
어둠속에 볼 수 없는 시꺼먼 글, 끙끙대며 진땀을 뺀다.
희뿌연 창문을 내다보며 잠은 이불을 덮어 쓰고 누웠다.
잠은 겨울을 지나 봄을 맞은 마늘껍질처럼 부스러진다.
행여 떠돌이 혼이 이 광경을 볼까 미련의 끈을 잡는다.
잠은 일어나 글자와 글자 사이에 한 글자를 더 삽입한다.
어둠보다 짙은 색의 글씨가 가슴으로 들어와 옹이가 된다.
새벽이 다가오자 잠은 일어나 다시 글자를 고쳐 쓴다.
티끌 없는 하얀 빛으로 밤새 써놓은 글자를 어루만진다.
밤새 끙끙 써대던 이불호청을 뜯어 쓰레기봉투에 담는다.
햇살이 창문을 열고 들어와 거실에 다리 쭉 펴고 눕는다.

—「떠도는 잠」 전문

표제작인 인용 작품에서는 시적 화자가 '분리'(보다 정확하게 말해야 한다면 '대체'라고 해야 하겠지만 그 대체물이 뚜렷한 '인격화'의 과정을 보여주지 않기에 아직은 분리되었다고 해도 무방할 것이다.)되면서 새로운 세계, 또는 차원을 여는 불안과 기대가 고스란히 담겨 있다. 화자는 먼저 '잠'과 분리되는데, "천지발광을 해대던 잠"이 작품의 행위자, 또는 발화자로 성큼 나선다. 현대인에게 '잠'은 특별한 상징성을 갖는다. 어쩌면 선사시대나 그 이전 인류도 잠에 특별한 의미를 부여했을지도 모르지만, 잠이 욕구나 본능이라는 생물학적 차원을 넘어 의식적 행위

아래 감춰졌던 거대한 무의식이 전의식의 수면 위로 자기 존재를 드러내는 것임을 알게 된 것은 현대에 들어서일 뿐이다. 따라서 우리만큼 자신의 잠과 꿈에 예민한 감수성을 가졌던 시대는 없었다고 해도 과언이 아니다.

이 작품에서는 불연속적일 수밖에 없는 '꿈'이 아니라 '잠' 전체가 시의 전면에서 활동한다. "익숙한 손놀림으로 옹기 그릇에 먹물 따르고 붓을 든다. 덮고 자던 이불을 펼쳐놓고 큼직한 글자를 쓴다." 이 부분에서 유추할 수 있는 사실은 두 가지인데, 하나는 잠의 활동이 매우 활발하고(즉 의식의 방해를 받지 않고) 목적 지향적이라는 것과 다른 하나는 '익숙한' 아란 시어에서 충분히 확인되듯이 여러 번 거듭된 행위를 다시 반복한다는 점이다. 작품의 전반부는 이처럼 '잠'의 행위가 주를 이루는데, 잠에게 욕망의 표출을 내맡긴 화자는 문득 "어둠 속에 볼 수 없는 시커먼 글"이나 "행여 떠돌이 혼이 이 광경을 볼까 미련의 끈을 잡는다"처럼 잠에 덧대거나 틈에서 잠시 얼굴을 드러낸다. 하지만 작품의 후반부에서는 잠이라고 지칭되더라도 그것은 의식의 빛 아래 화자의 행위라 해야 한다. "티끌 없는 하얀 빛으로 밤새 써놓은 글자를 어루만"지는 것은 화자일 수밖에 없고, "밤새 끙끙 써대던 이불호청을 뜯어 쓰레기봉투에 담는"것 역시 화자이기 때문이다. 확연하지는 않지만 이 분리는 시적 화자가 전면에 나서지 못하고 대체물을 내세우거나 자기 분리를 기획한다는 데서 그 의미를 찾아야 한다. 한 편의 시는 물리적 실체로서의 개인이거나 작품들의 후광인 시인이거나 표면에서 주재하는 화자의 작용에 따를 수도 있고 아닐 수도 있기 때문이다. 어쨌든 이 작품은 배아라 시인이 지금 서 있고, 처해 있는 환경에서 스스로의 시인됨을 그 본원에서부터 찾아보려고 했다는 점에서 충분히 표제작으로서의 가치를 지녔다.

2.

시인이 갖춰야할 여러 미덕 가운데 그래도 기본이 되는 것을 꼽으라 하면 '감수성과 상상력'이 아닐까 싶다. 모든 창조적 행위가 다 마찬가지지만, 특히 시는 일상의 사물이나 추상의 언어로부터 출발하기에 그 중요성이 더욱 강조된다. 하지만 앞에서 언급한 것처럼 예민한 감수성이란 대상을 찾아내고 관계하는 첫 단계에서 그 중요성이 두드러질 뿐, 형상화하는 과정에서는 크게 의미가 없다. 아무리 대단한 소재나 사건을 시화했다고 해서 꼭 감동적이거나 좋은 작품이 되지 않는 것은 바로 이 때문이다. 그렇다면, 예민한 감성이

포착한 것을 더 풍부하게 할 필요가 있는데, 이때 필요한 것이 바로 상상력이다. 주지의 사실이지만, 상상력은 일종의 질료를 통해 스스로 배양되는데, 그것은 '기억, 체험, 지식'이다.

배아라 시인의 이번 시집과 연결해서 이 글에서 언급하고 싶은 것은 상상력의 질료로서의 '기억'의 채광과 처리, 가치 등이다. 시인은 기억으로부터 하나의 무엇, 사건이기보다는 이야기를 끌어 올린다. 사건과 이야기의 차이는 전자가 '사실fact'의 인과 관계에 집중하면서 자연스레 과정의 중요성을 잃지만 후자는 생략, 압축, 비약 등의 수사적 소구를 동원하기는 하지만 언제나 진행 과정의 의미와 가치를 버리지 않는다는 데 있다.

> 엄동설한이었다.
> 눈발 속 무덤에서 훤칠한 남정네 걸어 나오더니
> 성큼성큼 고개를 넘어갔다.
> 어머니는 그 남정네 집으로 제삿밥 먹으러 갔다고 하셨다.
>
> —「텃밭의 내력」 부분

> 할아버지 사진에 앉아있던 파리가 졸고 계신 할머니 이마로 날아와 잠을 깨운다. 할머니는 누운 채로 다시 흔들흔들 할아

버지 사진에 부채질을 하신다. 바람이 멈춘다. 파리가 할머니 손등으로 날아와 앉는다. 할머니 부채는 또다시 흔들흔들 흔들린다.

—「할머니와 부채」 부분

먼저 인용한 작품은 '그랬다더라'식의 추측을 내용으로 한다. 그런데 이 추측은 '내력'이라는 제목과 충돌하면서 시인이 아직 유년이라는 점을 환기한다. 다시 말해 시에서 화자의 자리에 서 있기는 하지만 자기 입(자기 관점에 따라)으로 발화하는 것이 아니라 그냥 들은 이야기를 전달하는 위치에서 있다. 같은 계열로 「고슴도치」 등을 생각해 볼 수 있다. 의도하지 않았지만 조우하게 된 대상과의 관계는 이처럼 전달이나 보고처럼 화자를 숨기려 한다. 이 자체는 아무 문제가 없다. 자기 기억을 확증하지 못할 때, 우리는 누구나 담화의 일반적인 전제, 즉 신뢰에 기대기 때문이다. 뒤에서 언급하겠지만, 기억을 현재화하려는 노력은 시인에게는 필수적인 요소다. 즉, 기억의 진정성(그 마저도 주관적인)에 기대기보다는 그 내용 전체를 소환해서 '환기'하려는 자세가 필요하다. 이때 우연히 부딪힌 대상, 텃밭의 뼈 조각이나 냉장고 뒤편의 다친 고슴도치들이 제대로 살아나 시적 화자와 관계 맺게 된다.

이런 작업에서 시인의 성취도는 다음 인용 작품을 통해 확인할 수 있다.

햇살이 비틀대며 양지꽃 한 송이 수탉에게 건네고
바람도 졸졸 시냇물소리 끌며 따라 걷는다.

대청마루에는 진달래 물빛이 내려와 고이고
담장 아래에는 제비꽃물이 아지랑이처럼 피고 있었지.

아부지는 오일장에 가 술 한 동이 드시고
해질녘 고개 넘어 오셨지.

고갯길 넘어오다 요거만한 이무기가
바짓가랑이를 잡아 기겁을 하셨다지.

뱀띠 해에 태어난 내 동생은 신통하기도 하지.
열 달부터 아장아장 걸어 다녔지.

장에 가신 아빠 기다리며 노란 무꽃 옆에
이무기처럼 앉아 있었지.

—「이무기 같은 내 동생」

친밀도 때문일지도 모르지만, 앞에 인용한 작품에서는 화자가 굳건하게 서 있는 상태에서 기억의 한 줌(장면이 아니라 여러 이야기의 질료)을 제대로 형상화하고 있다. "고갯길 넘어오다 요거만한 이무기가/바짓가랑이를 잡아 기겁"했을 아부지, 혹은 "장에 가신 아빠 기다리며 노란 무꽃 옆에/이무기처럼 앉아 있'는 동생을 볼 때, 뜻밖에도 시인은 타자의 이야기만 하고 있는 것이 아니라 자신이 시적 화자로서 '여백'처럼, 아니 '행간'처럼 더불어, 동시에 생성된다. 원래 있었다고 주장하기보다는 그 순간, 텃밭과 집과 가족이 오롯이 회상되는 순간, 기록자 또는 발화자로서 나의 자리도 슬그머니 생성되고 있었던 것이다.

이러한 작업의 선 기능 중 하나는 무거운 담론이나 대면하기 쉽지 않은 사건을 굳이 이용하지 않더라도 소위 말하는 '보편성', 즉 서정시가 자기 독백에 지나치게 쏠리는 경향을 잡아 줄 수가 있다. 배아라 시인은 이 경우를 아버지나 어머니보다 한 차원 더 멀어져야 하는 그럼에도 불구하고 혈육일 수밖에 없는 존재, 할머니, 언니, 사촌 혹은 아들에게서 찾는다.

이번 장의 맨 앞에서 두 번째 인용한 작품은 '할머니-파리-나'가 등장하면서 행위와 시선의 무덤덤한 움직임 속에서 숙성하는 묘한 감정의 움직임을 제대로 포착하고 있다. 할머니가 꺼낸 빛바랜 앨범, 거기서 만나는 할아버지의 사진은 이미 과거다. 과거의 할머니는 더 과거의 할아버지를 현재화한다. 작품 속 파리도 과거의 존재지만, 어쨌든 그 시공 속에 살아 할아버지 사진에 앉는다. 어쩌면 그 사진은 과거의 편린일 뿐이라는 무언의 암시일지도 모른다. 그러나 할머니는 선 잠(무의식) 상태에서도 부채를 흔들어 파리를 쫓는다. 그 한 지점의 사건을 시은 다시 현재화한다. 시적으로 형상화해 우리에게 보여주는 것이다. 그렇다면 우리는 얼마나 깊은 과거와 관계를 맺게 되는 것인가. 필자가 강조한 시의 '보편성'은 휘황찬란한 표면이나 거기 쑤셔 넣으려는 거창한 정치 사회적 의미에 있지 않다. 오히려 과거를 시간의 단계로 저 멀리 내팽개치기보다 자꾸 불러내 현재화함으로써(시적 형상화가 성공했을 때) 우리 존재의 기준을 되묻는 작업들이 더 진정하고 가치 있을 것이다.

쇠죽 쑤는 냄새가 구수하게 석양과 버무려진다. 외양간 어미소는 긴 꼬리로 바람을 일으킨다. 처마 밑에 뿌리를 둔 고드름이 삐뚤빼뚤 키 재기를 하다 떨어져 내리는 소리 요란하다. 논바닥 얼음판에서 스케이트 지치던 꼬마들이 분주하다. 밥 짓는 어머니의 뒷모습은 부엌에서 타들어가는 솔가지 소리 내며 행복을 부른다. 젖은 엉덩이 들썩이며 집으로 돌아가는 아이들의 발걸음엔 딸랑딸랑 쇠방울소리 들린다.

—「시골집」 전문

시인은 '시골집'이라 했는데 시는 집을 벗어나 '논바닥'으로 가더니, 심지어 동구 밖에서 꼴 먹이던 소가 돌아오는 동리 초입까지 확장된다. 이렇게 하나의 중심, 즉 밥 짓는 어머니가 있는 부엌에서 그 시절의 온 동리 풍경까지 확산하는 힘을 우리는 연상 능력이라고 한다. 이것은 시인에게 꼭 필요한 자질이고, 갈고 닦을수록 빛나는 보물이라 할 수 있다. 일단 배아라 시인은 이런 보물을 몇 개 챙겨 가지고 있다. 이번 시집을 그 징후라 할 수 있다.

3.

처음은 늘 미숙하고, 미숙하면 치기에 사로잡히기 쉽고, 자기 본령을 잊으면 정의(선언적 명제)를 남발하기 쉽다. 우리 시단은 아주 잘못 된 이해를, 편견을 정의라고 외쳐대는 소리통들 때문에 시끄럽다. 소위 현대적인 시인들만큼 작품의 외형이나 수사 이전에 내용과 의미에 집중하는 이들이 없다. 그것의 표현 방식이 좀 생소하다고 해서 의미나 가치가 쉽게 폄하될 수는 없는 노릇이다.

배아라 시인은 시적 자질이 충분하다. 하나는 사건들을 잘라내는cut-up 능력이고 다른 하나는 건전하고 진정성 있는 세계관의 소유자라는 점이다.

> 못 가는 내가 안쓰러워, 집 모퉁이 대추나무 아래 앉아 이야기 하던 희주. 친구들이 먹다 남은 과자 부스러기만 먹어 별명이 쓰레기통이 되었다. 그날도 그랬다. 안방에서 텔레비전을 보고 있는데 담장 밖에서 삐꾹삐꾹 삐꾸기 소리 들렸다. 언니는 눈 한 번 찡긋하고, 가시나야 얼른 네 방에 가서 공부해. 아랫목에 눈감고 누워 계시던 아버지, 겨울에도 삐꾸기가 우느냐. 엉거주춤 일어서다가 다시 주저앉아 티비 연속극만 보고 있었다. 삐꾹삐꾹, 담장 밖 삐꾸기는 속절없이 울고 있었다.
>
> —「겨울에도 삐꾸기는 운다」 전문

이번 시집에는 무덤덤한 표정의 작품들도 여럿 보이지만, 아무래도 과거, 즉 이렇게 잘라내지 않으면 아무 추억거리도 되지 못할 수도 있는 미시적 사건에 대한 시인의 관점이 잘 드러난다. "별명이 쓰레기통"이라는 것을 당당하게 밝히면서도 이 작품의 이야기는 삼천포로 빠지는데, 그건 "겨울에도 삐구기가 우느냐"고 물었던 아버지가 이야기의 주변적 인물이기보다는 주인공보다 더 크게 느껴졌기 때문이다. 이처럼 기억은 왜곡된다. 사실 그대로 재현되는 기억은 없다. 이 사실을 받아들이면서 시인은 각자가 새로운 시간관, 나만의 기억 소환 방식을 기획한다. 시인은 이제 시작이므로 시작에서 더 새로운 시작을 보여줄 의무와 필요가 있다.

> 네 살배기 막내아들 성화에 거북이 한 쌍을 들였다.
> 수족관에 모래와 자갈을 깔아주고 물을 부었다.
> 주먹만 한 돌멩이 서너 개도 넣어 주었다.
> 거북이는 몸집도 차츰 커져갔다.
> 가끔은 아이가 먹던 과자가 수족관에서 둥둥 떠다녔다.
> 유치원에서 돌아온 아이가 거북이 배고플까 봐 밥을 주었다.
> 밥이 떨어져 사러 가려던 참인데 뭔 밥을 주었을까.
> 거북이 한 쌍 목을 축 늘어뜨린 채 움직이지 않는다.
> 물빛이 이상해 아이에게 물었다.
> 옆에 있던 세제를 먹이라고 주었다고 한다.
>
> 거북이를 산기슭에 묻어 주었다
> 울지 마 민규야, 내가 내일 거북이 한 마리 줄께.
> 달래는 여자 아이는 아들 유치원 친구다.
> 아들은 거북이 한 마리 들고 친구 손잡고 싱글벙글이다.
> 한 마리씩 나눠 키우면서 아이들은 단짝 친구가 되었다.

가끔 거북이를 작은 통에 담아 들고 오갔다.
그 아이들이 지난 해 봄 결혼식을 올렸다.

—「거북이 한 쌍」 전문

이번 시집에는 몇 개의 낙관적 징후가 보인다. 그것은 시인이 크고 무거운 소리를 내야 말 그대로 거물이 될 것처럼 유혹하는 시대의 유혹을 잘 조정하고 있다는 점이고, 다른 하나는 시인 자신이 낙관적 세계관을 갖고 있다는 점이다. 가령, 「아이는 음악가」, 「아이들의 꿈」처럼 제목과 내용에서 그대로 드러나는 경우도 있지만, 「창덕궁의 봄」처럼 상상적이거나 「언니는 수술 중」처럼 지극히 사실적일 때도 밑바탕에 흐르는 낙관적 기류가 잘 읽힌다.

시적으로는 앞에 인용한 작품을 들 수 있는데, 전혀 다른 이야기인 것처럼, '거북 한 쌍'을 제목으로 해서 '한 쌍'이 된 '아이', 즉 다음 세대의 이야기를 무리 없이 풀어냈다. 잘 읽히고 재밌는 작품이고, 무언가를 생각하게 만드는 작품이라 해야 할 것이다.

배아라 시인은 이제 '맹아기'의 중간쯤에 도달했다고 보인다. 맹아가 가능성, 즉 숨겨진 근기根氣를 지칭한다면 이번 시집은 첫 싹, 즉 '발아기'에 도착했음을 스스로 공표한 것과 같다. 그렇다면 지금부터는 양기養氣해야 한다. 견고한 시적 자세로 지향을 멈추지 말고, 몇 마디 찬사에 안주해서도 안 된다. 언제까지, 일단은 "내 고향에서는 까만 세상도 하얀 소리로 따뜻하게 열리곤 했다."(「앞 못 보는 그 노인」)고 했으니, 하얀 소리가 독자들 가슴에 잃은, 아니 없었던 고향이라도 상기할 수 있도록 해야 한다. 작지만 무거운 짐을 얹는다.